창 녕

2020

창 녕

— 우포숲

김재석

사의재

시인의 말

6·25전쟁 중
낙동강으로 하여금 피눈물을 흘리게 한
박진 - 영산 전투에 대하여 쓰고자 한 시집이
엉뚱한 결과를 낳았다

지나간 미래가 대가야인
창녕의 문화와 자연 그리고 역사가
나의 눈길을 끈 것이다

우포늪을
관룡사와
용선대 석조여래좌상을
창녕이 낳은 걸 뒤늦게 알았다

태평양을 건너
자신을 찾아오는
이국병사들의 후손들이 있다는
박진전쟁기념관의 눈빛 전언에
눈시울이 뜨거워지기도 했다

    2020년 겨울
    일속산방一粟山房에서
    작시치作詩痴 김 재 석

차례

창녕

시인의 말

1부

창녕 13
창녕 1 14
창녕 2 16
창녕 3 18
창녕 4 20
창녕 5 22
창녕 6 24
창녕 7 26
창녕 8 27
창녕 9 28
창녕 10 30
창녕 11 31
창녕 12 32

2부

우포늪이 흐뭇해하다 37

화왕산 억새 39
화왕산은 진달래다 하면 40
화왕산 진달래 42
부곡온천 43
낙동강 유채 44
산토끼 노래동산 46
낙동강 남지 개비리길 48
교동과 송현동 고분군이 먼 걸음을 한 길들의 발목을 붙들다 49
우포 잠자리나라 50
만옥정공원이 '신라 진흥왕 척경비'를 애지중지하다 52
만년교는 무지개를 꿈꾼다 54
관룡산은 바다이다 55

3부

반딧불이는 자가발전을 한다 59
장재마을 앞 수중에 왕버들이 떼거리이다 60
물풀융단 62
우포늪은 기러기들의 친가인가 외가인가 64
가시연은 수도사이다 65
백조의 호수 우포늪에서 66
장대 나룻배 68
별이 빛나는 우포늪에서 69

왕실잠자리에 대한 단상 70

4부

석문 73
관룡사 74
석장승 76
옥천사지가 나의 발목을 붙들다 78
대나무들이 마중 나오다 80
사천왕은 남의 영역을 넘본 적이 없다 82
범종각은 힘이 장사다 84
원음각圓音閣 85
대웅전 86
약사전이 관룡사의 좌상이다 88
명부전과 칠성각이 대웅전을 호위하고 있다 90
명부전은 대웅전에게 누를 끼친 적이 없다 91
칠성각이 명부전과 함께 대웅전을 보필하고 있다 92
응진전은 숫기가 없다 93
고불당의 지나간 미래는 영산전靈山殿이다 94
현당玄堂에 한눈팔지 않을 수 없다 96
안양료安養寮가 절 살림을 꾸려 나가느라 정신이 없다 98
백산이와 청산이에게 법명을 지어주고 싶다 100
산령각과 응진전은 이웃사촌이다 102

5부

운암사가 본의 아니게 부역을 하다 105

남지철교가 6·25전쟁 중에 죽음 가까이 가다 106

박진전쟁기념관은 당당하다 108

박진전투가 영화라면 박진감이 있겠다 110

박진전쟁기념관을 찾는 길들 중엔 태평양을 건너온 길들이 많다 112

박진전투의 승리가 대한민국을 살리다 114

박진 전쟁기념탑이 경계를 서고 있다 115

6·25전쟁 중에 영산이 북한군 맛을 톡톡히 보다 116

M-47전차가 명령만 기다리고 있다 118

1부

창녕
- 서시

작은 경주라 불린
창녕의 지나간 미래는
대가야이다

창녕의 몸속에는
대가야의 피가 흐르고 있다

창녕이
진흥왕척경비를 모시고 싶어서
모신 것이 아니다

대가야,
대가야

대가야는
증발하였어도
그 유전자는 못 속인다

작은 경주라 불린
창녕의 지나간 미래는
대가야이다

창녕 1

부러움을 사고 있다

부러움을 사는 게 한두 가지가 아니다

딱 하나만 대라 하면
입장이 곤란할 정도이다

마지막까지
경합할
저명인사들 중의 저명인사가 있다

나에겐
창녕의
저명인사 중의 저명인사는
우포늪과
용선대 석조여래좌상이다

우포늪과
용선대 석조여래좌상에게
창녕이 이웃들의 부러움을 사는데
딱 하나만 대보라고 하면 된다

용선대 석조여래좌상에게 물으면
분명히
우포늪이라고 할 것이다

우포늪에게
똑 같은 질문을 하면
우포늪은
용선대 석조여래좌상이라고 할 것이다

둘 다
자기만 빼고란 말이 생략되어 있다

부러움을 사고 있다,
이웃들의

창녕 2

창녕은
우포늪이다 하면
아무도 이의를 제기하지 않는다

창녕은
용선대 석조여래좌상이다 해도
아무도 이의를 제기하지 않는다

우포늪이다 해도
용선대 석조여래좌상이라 해도
아무도 이의를 제기하지 않으니
알다가도 모를 일이다

입장이 난처하니
다들
단단히 입을 봉한 것인가

우포늪과 석조여래좌상을 제외한
창녕의 저명인사들에게
의견을 물으면 된다

거수가 아닌
비밀투표로 결정하면 된다

창녕은
우포늪과 용선대 석조여래좌상
둘 중의 하나인 것은
분명하다

창녕 3

창녕은
무엇이다는
투표로 결정할 문제가 아니다

창녕은
무엇이다를
투표로 결정한 게
창녕 9경이다

창녕 9경 중
우포늪과 따오기가 첫 번째고
관룡사와 용선대가 아홉 번째다

내가 미쳐
창녕 9경을 생각하지 못했다

우포늪과 관룡사는
따오기와 용선대는
비교 대상이 아니다

창녕은

무엇이다는
투표로 순서를 매길 일이 아니다

창녕 4

창녕은 우포늪이다 해도
아무도 이의를 제기하지 않기에
창녕은 용선대 석조여래좌상이다 해도
아무도 이의를 제기하지 않기에
다들 수긍하는 줄 알았더니
그게 아니다

창녕 9경 중 2경인
화왕산 진달래와
화왕산 억새가
마음이 가장 불편할 것 같다

하지만
1경의 자리를
우포늪에게 내준 이유를
깨달을 것이다

우포늪은 유용하지만
자신들은
낯짝만 반지르하다는 것을
뒤늦게 깨달을 것이다

하지만
화왕산 진달래와
화왕산 억새는
자신들이 깨달은 것을
공공연하게 떠들진 않을 것이다

우포늪이 1경인 이유를 간파하지 못한
나머지 경들은
겉으로는 수긍한 척해도
속으로는 수긍하지 않을 것이다

창녕 5

우포늪이
자신은 창녕이다라고 한 적도 없고
용선대 석조여래좌상이
자신은 창녕이다라고 한 적이 없다

우포늪을 가지고
용선대 석조여래좌상을 가지고
몸살을 하는 내가
오지랖이 넓다

화왕산 진달래와
화왕산 억새가
우포늪은 창녕이다라는 말에
우포늪은 용선대 석조여래좌상이다라는 말에
마음이 불편할 것이라는 것도
다 내 생각일 뿐이다

부동이화로
잘나가는 창녕을
내가 이간질한다는 말을 들을까
무섭다

누구도
자신이 창녕이라고 한 적이 없다

창녕 6

우포,
사지포,
목포,
쪽지볼,
산밖벌이 의기투합한
우포늪이 건강하다

눈뜨고 볼 수 없을 정도로
우포늪이
망가진 적이 있었다

우포늪이
병들지 않고
건강하게 살아가게 하려고
발 벗고 나선 창녕들이 있어
우포늪이 건강을 되찾았다

우포늪이 병들면
자신들도 병들게 된다는 것을
모르는 창녕이 없다,
이제

우포,
사지포,
목포,
쪽지볼,
산밖벌이 의기투합한
우포늪이 튼튼하다

창녕 7

창녕이 이따금 잠 못 이룬 것은
우포늪 때문이고
용선대 석조여래좌상 때문이다

우포늪과
용선대 석조여래좌상에 대한
편애가 심하다

괜히 사서
잠 못 이룬다는 생각에
관심을 꺼야겠다고 다짐해도
마음대로 되지 않는다

우포늪을
용선대 석조여래좌상을
누가 떠메고 가지 못한다는 것을
모르는 바가 아니다

창녕이 이따금 잠 못 이룬 것은
우포늪 때문이고
용선대 석조여래좌상 때문이다

창녕 8

다시는
낙동강이 피눈물을 흘리지 않게 하기 위하여
박진전쟁기념관을 낳았다

박진, 영산 전투에서
마지막으로
승자가 된 것을 뻐기기 위해서
박진전쟁기념관을 낳은 게 아니다

박진, 영산에서
생을 앞당긴 병사들을 생각하면
가슴이 아픈 정도가 아니라
가슴이 찢어질라 한다

빌어먹을,
빌어먹을 냉전 이데올로기가
우주와도 바꿀 수 없는
병사들의 목숨을 가지고 놀았다

다시는
낙동강이 피눈물을 흘리지 않게 하기 위하여
박진전쟁기념관을 낳았다

창녕 9

6·25전쟁 중
최후의 방어선인
낙동강이 피눈물을 흘린
박진, 영산전투가
그리 널리 알려지지 않았다

다부동전투,
형산강전투 못지않게
오늘의 대한민국이 태어나는 데
박진-영산 전투가 여러 몫을 하였다

박진, 영산이 무너지면
밀양이 무너지고
부산이 북한군의 수중에 들어가면
끝이었다

마산 서쪽 측방에서는
미 제25사단이
킨 특수임무부대 반격 작전으로
북한군 제6사단의 마산, 부산 방향으로의
진출을 저지하였고

창녕 영산에서는
낙동강을 윽박질러
밀양으로 진출하려던 북한군을
낙동강 돌출부 작전으로
미 제24사단과 미 제2사단이 저지하였다

40일 동안
박진, 영산에서 뺏고 빼앗기고를 되풀이하다가
마지막에 아군이 승자가 되어
누란의 위기에 처한
대한민국을 구한 것이다

6·25전쟁 중
최후의 방어선인
낙동강이 피눈물을 흘린
박진-영산전투가
그리 널리 알려지지 않았으니
이제라도 신경을 써야 한다

창녕 10

다가온 과거가
냉장고인
석빙고가 하나도 아니고
둘이다

창녕 석빙고,
창녕 영산 석빙고

삼성냉장고의 지나간 미래가
LG냉장고의 지나간 미래가
어디에 있나 했더니
창녕에 있다

삼성냉장고와
LG냉장고가
창녕 석빙고와
창녕 영산 석빙고에게 빚을 졌다

다가온 과거가
냉장고인
석빙고가 하나도 아니고
둘이다

창녕 11

이웃들의 입방아에 오르내린 적이 없다

자기만 잘나가려고 하지 않기 때문인가

대구, 고령, 합천, 의령, 함안, 창원, 김해, 밀양, 청도, 경산
누구의 눈밖에도 나지 않은 이유가 있다

가야로 똘똘 뭉친 것이다

가야의 유전자가 몸속에 흐르고 있는 것이다

용선대 석조여래좌상의 원력 때문인가

창녕 12

창녕의
지나간 미래인
대가야를 찾아내야 하는데
쉬운 일이 아니다

이미
수수께끼가 돼버린
대가야를 찾아내는 게
쉬운 일이 아니다

난해한
수수께끼가 돼버린 가야가
한둘도 아니고
여럿도 아니고 무수하다

지나간 미래를 찾아 헤매다가
다가올 과거에
신경을 덜 쓸 수 있다

지나간 미래보다
다가올 과거가

더 중요하다는 걸 모르는
창녕이 없다

창녕의
지나간 미래인
대가야를 찾아내야 하는데
쉬운 일이 아니다

2부

우포늪이 흐뭇해하다

우포늪이
나에게
홍시빛 낯빛에
홍시빛 다리의 따오기를 만나게 해 주었다

소싯적에 불렀던
'보일 듯이 보일 듯이 보이지 않는'으로
시작하는
동요 따오기를 내가 부르니
우포늪이 흐뭇해 한다

일절로 끝내지 않고
'잡힐 듯이 잡힐 듯이 잡히지 않는'으로
시작하는
동요 따오기를 내가 이절까지 부르니
우포늪이 어쩔 줄 모른다

우포늪이
내 덕에
까먹은 동요 '따옥이'를
자신 있게 부를 수 있게 된 것이다

나라를 되찾은 시대에 불러도 서러운데
나라를 잃은 시대에 불렀을 때
얼마나 서러웠을까

우포늪과 헤어지기 전에
홍시빛 낯빛에
홍시빛 다리의 따오기를
눈에 담고 또 담는다

화왕산 억새

다들
언제 어디서
무엇을 하다가
무슨 생각으로 여기까지 올라와
아예 주저앉았을까

전망이,
전망이
의식주를 해결해 주는 게 아닌데

아예 주저앉도록
발목을 붙든 게 무엇일까

진달래,
진달래에
콩깍지가 씌워
아예 주저앉았을까

무엇이
대를 이어
아예 주저앉게 하였을까

화왕산은 진달래다 하면

화왕산은 진달래다 하면
억새가 서운해 할 것이다

서운해 하는 정도가 아니라
상처 입을 것이다

진달래와 억새가
잘 지내고 있는데
괜히 둘 사이를 갈라놓을 것이다

화왕산은 억새다 하면
진달래가 서운해 할 것이다

서운해 하는 정도가 아니라
상처 입을 것이다

봄에는
화왕산은 진달래고
가을에는 억새다 하면
진달래도 억새도 서운해 하지 않을 것이다

둘 다
상처 입지 않을 것이다

화왕산 진달래

화왕산이
화왕산인 것은
진달래가 얼굴 내밀어서다

진달래가
얼굴 내밀지 않았더라면
화왕산은 다른 이름일 것이다

화관인 듯
절벽, 절벽에
매달려 있는 진달래를 봐

저걸
부잡하다고 해야 하나,
담력이 크다고 해야 하나

화왕산이
화왕산인 것은
진달래가 얼굴 내밀어서다,
떼거리로

부곡온천

부곡이
마음이 따듯하다는 걸 입증하고 있다

몸이 따뜻한 부곡이
마음이 차가울 리가 없다

부곡은 차갑다와 거리가 멀고
부곡은 따뜻하다와 거리가 가깝다

부곡은 따듯하다와 가까운 정도가 아니라
따듯하다 자체다

부곡이
여유 만만한 이유가 몸에 있다

부곡이
마음이 따듯하다는 걸 입증하고 있다

낙동강 유채

부러움을 사고 있다

아무에게나
부러움을 사는 게 아니라
달과 별들의 부러움을 사고 있다

햇빛은
능가하지 못해도
달빛, 별빛을 능가하고 있다

달과 별들이
유챗빛,
유챗빛을 챙기는 게 분명하다

유채밭을 휘젓고 다니는
달빛을
별빛을 봐라

달빛에
별빛에
유채 꽃가루가 묻어 있다

부러움을 사고 있다,
달과 별들의

산토끼 노래동산

새벽에 토끼가 눈비비고 일어나
세수하러 왔다가
물만 먹고 가지요 노래 동산인 줄 알았더니
그게 아니다

산토끼 토끼야 너 어디로 가나
깡충깡충 뛰어서 너 어디로 가나
산고개 고개를 나 넘어가서
토실토실 밤송이 주우러 간단다
노래 동산이다

세수하러 왔다가
물만 먹고 가는 토끼는
건망증이 심한 토끼이다

산고개 고개를 나 넘어가서
토실토실 밤송이 주우러 가는 토끼는
부지런한 토끼다

새벽에 토끼가 눈비비고 일어나
세수하러 왔다가

물만 먹고 가지요 노래 동산인 줄 알았더니
그게 아니다

낙동강 남지 개비리길

낙동강 절벽이
남지 개비리길을 낳았다

순산이 아닌
난산이 분명하다

낙동강 방어선 전투로
파란만장한 생을 보낸
낙동강 절벽이 낳은
남지 개비리길이 장난이 아니다

한눈팔지 말아야 할
개비리길이
이따금 한눈파는 것을 허용한다

별 것을 다 보여주고
뱃살까지
단속하는데
웃을 일이 아니다

낙동강 절벽이
남지 개비리길을 낳았다

교동과 송현동 고분군이 먼 걸음을 한 길들의 발목을 붙들다

生의 마침표들이 함께한
교동과 송현동 고분군이
먼 걸음을 한 길들의 발목을 붙들고 있다

生의 마침표인 고분이
홀로 있으면 외롭겠지만 함께하니
외롭진 않겠다

生의 마침표인 고분을 눈에 담는
먼 걸음을 한 길들은
마음속으로
고분과 무슨 이야기를 주고받을까

生은 먼 걸음을 해야
死를 만날 수 있고
死는 가만히 앉아서
生을 만날 수 있는 곳이
바로 이곳인 것을

生의 마침표들이 함께한
교동과 송현동 고분군이
먼 걸음을 한 길들의 발목을 붙들고 있다

우포 잠자리나라

우포 잠자리나라는
말 그대로
잠자리나라이다

잠자리의 생애를
일목요연하게 실제로 보여주는데
누구든 쉽게 알아먹을 수 있다

알에서
유충,
성충이
공연하듯
실제로 공연하고 있다

잠자리의
잠자리에 의한
잠자리를 위한에서
잠자리에 의한만 제외한
잠자리나라는 영원할 것이다

잠자리나라는

잠자리 그림동화 아닌
말 그대로
잠자리 나라이다

만옥정공원이 '신라 진흥왕 척경비'를 애지중지하다

만옥정공원이
'신라 진흥왕 척경비'를 애지중지하고 있다

돌장승이
창녕객사가
창녕현감비군이
퇴천리삼층석탑이
창념지구전승비가
창녕척화비가
불만을 토한 적이 없다

'신라 진흥왕 척경비'가 함께하기에
자신들도 빛난다는 것을
다들 알고 있다

만에 하나
'신라 진흥왕 척경비'가
만옥정공원에 등 돌리면
먼 걸음을 한 길들이 낳은 발자국꽃이
희미해질 것이다

돌장승이
창녕객사가
창녕현감비군이
퇴천리삼층석탑이
창녕지구전승비가
자신들의 분수를 잘 알고 있다

만옥정공원이
'신라 진흥왕 척경비'를 애지중지하고 있다

만년교는 무지개를 꿈꾼다

만년교는
부동이화의 달인인
무지개를 꿈꾼다

빨주노초파남보
눈에 보이지 않는
무색인
만년교가 꿈꾸는 것은
무지개이다

실개천에 비친
자신의 그림자와 함께한
타원은
세상을 바라보는 눈이다

그냥 눈이 아니라
세상을 다 꿰고 있는
만리안이다

만년교는
부동이화의 달인인
무지개를 꿈꾼다

관룡산은 바다이다

관룡산,
관룡산은
반야용선이 항해할 바다이다

난공불락의
용선대는
반야용선이 정박한 항구이다

빈틈을 보인 적이 없는
석가여래좌상은
선장이다

차안에서
피안으로 가는
반야용선의 무게중심을
선장인 석가여래좌상이 잡아주고 있다

관룡산,
관룡산은
반야용선이 항해할 바다이다

3부

반딧불이는 자가발전을 한다

반딧불이는 자가발전을 한다

우포늪을
가로질러 다니는 걸 보면
발전용량이 크다

자가발전을 하는데
무얼 연료 삼는지
궁금하지 않을 수 없다

해와 달,
별빛을 다 이용하는지
이 중에 하나만 이용하는지

햇빛과
달빛보다
별빛을 이용하는 것 같다

우포늪을 수놓는 반딧불이는
날아다니는 별이다

반딧불이는 자가발전을 한다

장재마을 앞 수중에 왕버들이 떼거리이다

장재마을 앞 수중에 왕버들이
떼거리이다

다들 어떡하다가
물속에 들어가
다시는 못 나오게 되었는지

모를 일이다,
물속에 들어간 게 아니라
나중에 물이 차
물이 빠지지 않았을 수도 있으니

수중의 왕버들이
징징거리지 않는 것을 보면
투덜대지 않는 것을 보면
배울 바가 있다

수중에서
혼자 버티려면 힘들지만
여럿이 함께하니
버틸만한지도 모른다

장재마을 앞 수중에 왕버들이
떼거리이다

우포늪은 기러기들의 친가인가 외가인가

우포늪은
해마다 어김없이 찾아오는
기러기들의 친가인가 외가인가

물낯바닥을 딛고 비상하는
저 기러기들이
우포 하늘을 순찰할 때
가을은 깊어만 간다

끼륵끼륵 끼륵끼륵 끼륵끼륵
끼륵끼륵 끼륵끼륵 끼륵끼륵

구령을 붙여가면서
우포하늘을 순찰하는
기러기들을 봐

질서정연한 것 하나만으로도
기러기들에게
배울 바가 있는 것을

우포늪은

해마다 어김없이 찾아오는
기러기들의 친가인가 외가인가

물풀융단

우포늪이
물풀융단을 쫙 깔아놓았다

누구보다
누우라고
물풀융단을 쫙 깔아놓았나

깔아놓은
물품융단 때문에
우포늪이 숨 가프겠다

우포늪이 숨이 가픈 것은
물풀융단 때문인 걸
알고 있을까

자업자득인 줄 알면서도
해마다 물품융단을 까는 것을 보면
우포늪은 건망증이 심하다

우포늪이
물풀융단을 쫙 깔아놓을 것이다,
내년에도

가시연은 수도사이다

가시연은 고행을 일삼는 수도사이다

아무 때나
꽃을 피울 수 있는 것도 아니고
해마다
꽃을 피울 수 있는 것도 아니다

제 몸을 뚫고 꽃을 피우기도 하는
가시연의 잎은
자신을 보호하는 방패이기도 하고
새들의 식탁이기도 하다

고행을 일삼는
가시연의 잎 아래서
무슨 일들이 벌어지고 있는지
상상을 초월한다

가시연은 고행을 일삼는 수도사이다

백조의 호수 우포늪에서

'백조의 호수 우포늪에서'라고 뱉어 놓고 보니
뭔가 이상하다

'백조의 호수 우포늪에서'가
뭐가 이상한가

백조가
독무를
군무를 즐기는 곳은
늪도 호수이지

차이코프스키의
'백조의 호수'가 머리에 박혀
나를 붙들고 놓아주지 않은 거지

늪이
호수인 곳이
우포늪이여

내 앞에서
백조들이

독무를
군무를 즐기는
우포늪이
백조의 호수이지

'백조의 호수 우포늪에서'라고 뱉어 놓고
내가 억지를 부린다

장대 나룻배

어디서 많이 본 모습이다

앞으로 나아가는
장대 나룻배가 출현한 것을

새떼들이
군무를 즐기는 것을

해 뜨기 전에는
수묵이고

해 뜬 뒤에는
채색이고

여러 폭 아닌
한 폭인 대형 산수화다

별이 빛나는 우포늪에서

별빛이
늪에 빠져 허우적거릴 줄 알았더니
그게 아니다

달이
순찰을 돈다고 해서
별빛을 내버려두는 것도 아니다

먼 걸음을 한 별빛을 대접해서 보내지
푸대접해서 보낼
우포늪이 아니다

우포늪,
우포늪이 별빛을 푸대접했다간
별들의 입방아에 오른다

별빛이
늪에 빠져 허우적거릴 줄 알았더니
그게 아니다

왕실잠자리에 대한 몽상

실잠자리는
왕후장상의 씨가 따로 없는 줄 알았더니
왕후장상의 씨가 따로 있다

왕잠자리의 축소판인
왕실잠자리

먹는 것이
자는 곳이
그냥 실잠자리와 다른지 알고 싶다

왕실잠자리의 왕과
왕눈의 왕은
다른 것인가 같은 것인가

하나는 신분이고
하나는 크기인데
헷갈린다

실잠자리는
왕후장상의 씨가 따로 없는 줄 알았더니
왕후장상의 씨가 따로 있다

4부

석문

소박하다

석문이
산문이고
일주문이다

돌계단과
돌담과
석축이
석문이 한 몸이다

석문이
허락하지 않으면
어떤 당우도
어떤 전각도 만날 수 없다

소박하다,
눈물날 정도로

관룡사

범상치 않다

용을
한 마리도 아니고
아홉 마리나 보았다

용을 아홉 마리나 본
관룡사가
화왕산의 기대를 저버릴 리가 없다

관룡사가
화왕산을 애먹인다는 소리 또한
들어본 적이 없다

무욕의 경지에 이른
관룡사 덕에
화왕산이
이웃 산들의 부러움을 사고 있다,
오히려

다녀간

먼 걸음을 한 길들이
입방아에 올린 적이 없다

범상치 않다는 말로도
부족하다

석장승

1

입이 무겁다

남장승도
여장승도
입을 연 적이 없다

둘이서
오직
눈빛으로 생각을 주고받는다

남장승은 여장승이 있기에
여장승은 남장승이 있기에
저리 버틴다

아예
입을 봉하였다

2

내공이 세다

누가
궂은소리를 하여도
인상을 구긴 적이 없다

누가
달콤한 소리를 하여도
넘어간 적이 없다

달관하였다

옥천사지가 나의 발목을 붙들다

관룡사 가는 길에 마주친
옥천사지가
나의 발목을 붙든다

관룡사에 대하여
사전학습을 한 내가
덤으로
옥천사지에 대하여도 알게 되었다

옥천사지를 뿌리치면
옥천사지의 슬픔이 덧날까 봐
옥천사지를 뿌리치지 못하고
옥천사지와 눈빛을 주고받는다

옥천사지, 옥천사지가
신돈의 머리를 깎아 주었다

신돈이
서경천도,
서경천도의 꿈을 이루었더라면
자신이 이 모양이 되지 않았을 거란다

하고 싶은
이야기를 다 끝낸
옥천사지가
나의 발목을 놓아준다

대나무들이 마중 나오다

산문이자
일주문인
석문을 지나니
뜬금없는
대나무들이 마중을 나왔다

뜬금없다는
나의 생각을 읽은
대나무들이
자신들이
성불하지 말란 법이 없다고
일제히 눈빛을 보낸다

대나무,
대나무들이
관룡사로 출가한 것을
내가 간과한 것이다

언젠가는
저 대나무들도 득도할 것이다

대나무에게
성불은
꽃을 피우는 거다

산문이자
일주문인
석문을 지나니
마중 나온
대나무들의 눈빛이 혁혁하다

사천왕은 남의 영역을 넘본 적이 없다

사천왕은 남의 영역을 넘본 적이 없다

다문천왕,
지국천왕,
증장천왕,
광목천왕이 남의 영역을 넘봐
불화가 있었다는 말을
누가 들어본 적이 있는가

동방은 지국천왕이
남방은 증장천왕이
서방은 광목천왕이
북방의 다문천왕이 책임을 지고 있는데
각자 떠맡은 영역만으로도 벅차다

비장의 무기 아닌
공공연하게
손에 지니고 있는 물건들을 보면
사천왕의 성질을 파악할 수 있다

동서남북

어디 한 군데 물샐 틈 없이
지키고 있는 사천왕 덕에
우리가 발 뻗고 잔다

사천왕은 남의 영역을 기웃거린 적이 없다

범종각은 힘이 장사다

범종각은 힘이 장사다

그 무거운 범종을 들고도
낑낑거리는 소리를 낸 적이 없다

한 번쯤
투덜댈 수도 있는데
투덜대지 않는 걸 보면
내공이 세다

내공이 센 게 아니라
자기 분수를 알고 있다

범종이 아니면
자신이
세상에 얼굴 내밀지 않았으리라는 것을
깨달은 것이다

범종각은 힘이 장사다

원음각 圓音閣

대웅전과 정면에서
눈빛을 주고받는 이가 원음각이다

조선 인조 때 태어나
숙종 때 수마에 할퀴어 입은 상처가
영조 때 치유되었다

칠성각과 명부전이
좌우에서
대웅전을 호위하고 있지만
원음각 역시
정면에서
대웅전을 호위하고 있다

대웅전 가는 길 정면에
태어난 것은
그 만큼
대웅전의
신임이 두텁다는 것이다

대웅전과 정면에서
눈빛을 주고받는 이가 원음각이다

대웅전

중생들의 비원을 들어주기 위하여
석가모니불,
아미타불,
약사여래불이 의기투합하였다

지장탱화도
산중탱화도
다소나마 힘을 실어주기 위하여
함께하였다

관음보살은
전면에 나서지 않고
뒤에서
힘을 실어주고 있다

누가 주연이고
누가 조연이고는
자존심 상하니 말하지 않겠다

거명하지 않은
엑스트라들도 있으나

엑스트라치곤
힘이 만만치 않다

중생들의 비원을 들어주기 위하여
석가모니불,
아미타불,
약사여래불이 동병상련 중이다

약사전이 관룡사의 좌상이다

사중오역죄四重五逆罪를 떨쳐내는 테
오십삼불도가 기여하는
약사전이 관룡사의 좌상이다

화마가
수마가 할퀴고 간
관룡사에서 살아남은 이가
약사전이다

대들보가
영화오년기유永和五年己酉를 간직한 바람에
약사전의 나이를 유추하게 됐다

차안도
피안도
장유유서는 기본이다

약사전이
관룡사에서
가장 영험한 이유도
연륜이 쌓여서다

사중오역죄四重五逆罪를 떨쳐내는 데
오십삼불도가 기여하는
약사전이 관룡사의 어른이다

* 사중오역죄四重五逆罪: 사중四重은 살생, 투도, 사음, 망어를 금지하는 네 가지 계율이고 오역죄五逆罪는 무간지옥에 떨어질 다섯 가지 악행을 저지른 죄이다.

명부전과 칠성각이 대웅전을 호위하고 있다

명부전과 칠성각이 대웅전을 호위하고 있다

대웅전이
명부전과 칠성각을 믿지 않으면
옆에 두지 않을 것이다

명부전과 칠성각 또한
대웅전을 호위하는 것을
자랑스럽게 여긴다

대웅전이
명부전과 칠성각을 믿는 구석이 있는데
그 믿는 구석이 무엇인지 알고 싶다

명부전과 칠성각이 대웅전을 호위하고 있다

명부전은 대웅전에게 누를 끼친 적이 없다

대웅전의 측근인
명부전은
대웅전에게 누를 끼친 적이 없다

대웅전 믿고
권력을 남용할 수 있는데
명부전은 단 한 번도
권력을 남용한 적이 없다

명부전은
자신에게 맡겨진 임무 이외에
남의 영역을 침범한 적이 없다

명부전,
명부전만치
대웅전의 신임을 받는 이도 없다

대웅전의 측근인
명부전은
대웅전에게 누를 끼친 적이 없다

칠성각이 명부전과 함께 대웅전을 보필하고 있다

칠성각이
명부전과 함께
대웅전을 보필하고 있다

대웅전을 보필하는데
명부전과
역할 분담을 확실히 하고 있다

주제넘은 짓을 했다간
명부전의 미움을 살 것이 뻔하기에
절대로 주제넘은 짓을 하지 않는다

대웅전 믿고
권력을 남용할 생각은
아예 머리에 없다

칠성각은
누구보다 더
자기의 분수를 안다

칠성각이
명부전과 함께
대웅전을 보필하고 있다

응진전은 숫기가 없다

칠성각 뒤에
자리 잡은
응진전은 숫기가 없다

항상 뒤에서
자신의 임무에 충실할 뿐
앞에 나선 적이 없다

못난 것도 아니고
부족한 것도 아닌데
앞에 나서지 않는 것은
천성이 그러하여서다

정진하느라
누구를 시기하거나
누구를 질투할 시간도 없다

칠성각 뒤에
자리 잡은
응진전은 숫기가 없다,
있어야 할

고불당의 지나간 미래는 영산전靈山殿이다

먼 걸음을 한 길들을
한눈팔게 하는
고불당의 지나간 미래는 영산전靈山殿이다

영산도와 팔상도와 동고동락한
영산전의 정신을 그대로 이어받은
고불당은 머지않아 성불할 것이다

득도한 이의 모습이
어떤 모습인가를 알고자 하는
길들이
고불당을 눈에 담아간다

무욕의
무욕의 경지에 이른
머지않아 성불할 이의 모습을
고불당이 지녔다

고불당 앞에서
머뭇거리다
고불당을

기웃거리다 가는 길들을 봐라

먼 걸음을 한 길들의
부러움을 사는
고불당의 지나간 미래는 영산전靈山殿이다

현당玄堂에 한눈팔지 않을 수 없다

용선대 가는 길에
얼굴 내민
현당에 한눈팔지 않을 수 없다

현당이 꾀죄죄하면
못 본 척
그냥 지나갈 텐데
현당이 반반하니
그냥 지나치지 못한 것이다

근데
현당의 눈에
내가 어떻게 비치는지
그게 궁금하다

현당의 눈에
내가 괴죄죄하게 보인다면
이보다 더 비참할 수가 없다

누구보다
외모를 가지고

꾀죄죄하니
반반하니
이런 말을 뱉으면
부메랑이 되어
바로 나에게 돌아온다

용선대 가는 길에
얼굴 내민
현당에 한눈팔다 가는 나의
마음이 편치 않다

안양료安養寮가 절 살림을 꾸려 나가느라 정신이 없다

안양료가
절 살림을 꾸려 나가느라 정신이 없다

차안이나
피안이나
지출이 수입을 초과해서는 안 된다

지금까지
안양료가 헤프다는 말을
들은 적이 없는 것을 보면
살림을 잘 하고 있다는 것이다

깐깐하단 말 듣지 않고도
절대로
지출이 수입을 따돌리지 않게
살림을 꾸려 나간다

알뜰한 안양료가
어디에서
부기를 배운 것도 아닌데
장부정리 역시 끝내준다

염불도 식후 염불인
정제소淨齊所가
한번 쯤
불만을 토할 수도 있는데
불만을 토했다는 말을 들어보지 못했다

안양료가
절 살림을 꾸려 나가느라 정신이 없다

* 안양료安養寮는 원주실이다.
* 정제소淨齊所는 공양간이다.

백산이와 청산이에게 법명을 지어주고 싶다

예의 없이
주로 대웅전 앞마당에서
포행을 일삼는
백산이와 청산이에게 법명을 지어주고 싶다

백산이는 용맹勇猛이고
청산이는 정진精進이다

백산과
청산은
속명이니
법명을 가져야 한다

공부는 안 하고
맨날 포행을 일삼는 것은
법명이 없어서다

청산이가
자기가 용맹勇猛이고
백산이가 정진精進이라 하면
문제다

겁 없이
주로 대웅전 앞마당에서
포행을 일삼는
백산이와 청산이에게 법명을 지어주고 싶다

산령각과 응진전은 이웃사촌이다

산령각과 응진전은 이웃사촌이다

둘 다
나서지 않고
언제나 뒷전에 물러나 있다

언제나 뒷전에 물러나 있어도
외롭지 않은 건
서로 위안이 되기 때문이다

고민이라곤
중생들의 비원을
다 들어주지 못하는 것뿐이다

먼 걸음을 하는
길들의 발길이 뜸해도
징징거리지 않는다

응진전과 산령각은 이웃사촌이다

ns

5부

운암사가 본의 아니게 부역을 하다

낙동강 돌출부 전투인
박진 전투 때
운암사가 본의 아니게 부역을 하였다

무소불위
인민군사령부에게
자리를 내주지 않고 배길 수 없었다

운암사가
전후에 처벌을 받지 않은 것은
누구도 피할 수 없는 일이어서다

무슨 일이든
자의적인가
타이적인가가 중요하다

낙동강 돌출부 전투인
박진 전투 때
운암사가 어쩔 수 없이 부역을 하였다

남지철교가 6·25전쟁 중에 죽음 가까이 가다

창녕과 함안이
의기투합하여 태어난
남지철교가
6·25전쟁 중에 죽음 가장 가까이 갔다

총상은 말할 것도 없이
허리를 다쳐
죽음 가장 가까이 간 남지철교가
저리 의젓하다니

살아남은 남지철교와
변함없는 낙동강이
눈빛으로,
몸짓으로 이야기를 주고받는 것을

피아가 격전을 벌이는 바람에
살아남지 못한
창녕의 저명인사들이
한둘이 아닌데……

창녕과 함안이

의기투합하여 태어난
남지철교가
6 · 25전쟁 중에 죽음 가까이 갔다 돌아왔다

박진전쟁기념관은 당당하다

박진전쟁기념관은 당당하다

박진전쟁기념관이 당당하지 않으면
누가 당당하겠는가

당당하지 않아야 할 이가
당당하면
뒤에서 말이 많은데
뒤에서 뭔 말을 하는 이들이 없는 것을 보면
당당한 것이 당연하다

먼 나라의 자유와 평화를 위하여
수많은 병사들이
목숨을 바친 대가로 태어난
박진전쟁기념관이 당당해야지
의기소침하면 되겠는가

박진전쟁기념관이
당당하다와 거리가 가깝지
당당하다와 거리가 멀지 않다

박진전쟁기념관은 당당하지 않아도
당당하다

박진전투가 영화라면 박진감이 있겠다

박진전투가 영화라면 박진감이 있겠다

박진전쟁기념관 앞에서
박진전투가 박진감이 있었다도 아니고
박진전투가 영화라면 박진감이 있었겠다고 해도
박진전쟁기념관이 나를 가만두지 않을 것이다

생사가 걸린
박진전투를 가지고 말장난을 하는,
먼 걸음을 한 나도
못 말리는 놈이다

박진전투가 영화라면 박진감이 있겠다 해도
박진전쟁기념관이 나를 가만두지 않을 텐데
내가 뭐하려 화를 자처하는 말을 뱉겠는가
나 혼자 속으로만 말장난을 즐기지

박진전투가 어떠하든
박진전쟁기념관 앞에서
박진전쟁기념관의 비위를 거슬리게 하는 말은
뱉지 않아야 한다

- 박진전투가
누란의 위기에 처한
대한민국을 살렸다

박진전쟁기념관을 찾는 길들 중엔 태평양을 건너온 길들이 많다

박진전쟁기념관을 찾는 길들 중엔
태평양을 건너온 길들이 많다

그 길들은
먼 나라의 자유와 평화를 위하여
자신을 희생한
이국병사의 후손들이다

낙동강을
박진을
영산을 피로 물들인
박진 영산 전투가
고희에 이른 것을 아는 이들이 많지 않다

태평양을 건너
박진전쟁기념관을 찾는 길들 중에는
박진에서
영산에서
꽃처럼 산화한 이들의
손자도
증손자도 있다

70년 세월도
그들을 못 말리는 것을 보면
백년 뒤에도
대를 이어
태평양을 건너
박진전쟁기념관을 찾는 길들이 있을 것이다

박진전쟁기념관을 찾는 길들 중엔
태평양을 건너온 길들이 많다

박진전투의 승리가 대한민국을 살리다

다부동전투만
대한민국을 살린 게 아니다

형산강전투만
대한민국을 살린 게 아니다

전투가 어디가 더 치열했느냐
그게 다를 뿐이지
대한민국을 살리지 않은
낙동강 전선의 전투는 없다

박진전투,
박진전투에서 승리하지 않았다면
북한군은
밀양을 먹고 바로 부산을 먹었을 것이다

부산이 먹히면 끝인 것을
모르는 대한민국은 없을 것이다

다부동전투,
형산강전투 못지않은
박진전투가 대한민국을 살렸다

박진 전쟁기념탑이 경계를 서고 있다

박진 전쟁기념탑이 경계를 서고 있다,
여전히

쫓겨 간 북한군이
언제 어디서 다시 나타날지 모르기에
경계를 늦추지 않고 있다

돌격 자세를 취한
병사들과 함께
긴장을 풀지 않고 있다

40일 낮과 밤을 광야 아닌
박진과 영산에서 싸우다가
생을 앞당긴 병사들의 죽음이
헛되지 않게 하기 위하여 태어난
박진 전쟁기념탑에게 배울 게 많다

종전 아닌
휴전이니
다시는 북한군이 남침할 기회를 주지 말아야 한단다

박진 전쟁기념탑이 경계를 서고 있다,
빈 틈 없는

6 · 25전쟁 중에 영산이 북한군 맛을 톡톡히 보다

6 · 25전쟁 중에
북한군 수중에 들어간
영산이 북한군 맛을 톡톡히 보았다

미 27연대,
미 23연대, 미 14공병대대
미 해병대가 아니었으면
영산 연지도 지금과 모습이 다를 것이다

박진전쟁기념관이
박진 영산 전투를
실시간으로 보여주고 있으니
그때 그 시절의
북한군의 맛이 어떠했을 거라는 것을
영산이 입을 열지 않아도 알 수 있다

더더욱
북한군 맛을 단단히 본 영산이
북한군 맛이 어떠했냐고 물으면
함부로 대답하지 않을 것이다

6·25전쟁 중에
북한군 수중에 들어간
영산이 북한군 맛을 톡톡히 본 것 사실이다,
그 맛이 어떤 맛이든

M-47전차가 명령만 기다리고 있다

박진전쟁기념관에서
M-47전차가 명령만 기다리고 있다

6·25전쟁 중 활약했던
M-47전차가
명령만 내리면 출동할 자세인데
저걸 말려야 하나
내버려둬야 하나

6·25전쟁 중엔 잘나갔어도
근년에 태어난
전차들은 따라잡을 수 없을 텐데
언제든지 명령만 내리면
출동할 자세다

자신의 나이를 잊고
명령만 기다리는 M-47전차가
요즘 젊은이들에게
귀감이 되는 것만으로도
극진히 모실 필요가 있다

박진전쟁기념관에서
M-47전차가 명령만 기다리고 있다

사의재 시선 92

창녕

1판 1쇄 인쇄일 | 2020년 11월 25일
1판 1쇄 발행일 | 2020년 11월 30일

지은이 김재석
펴낸이 신정희
펴낸곳 사의재
출판등록 2015년 11월 9일 제2015-000011호
주소   전라남도 목포시 용당로 331번길 88, 202동 202호
전화   010-2108-6562
이메일 dambak7@hanmail.net
ⓒ 김재석, 2020

ISBN 979-11-88819-92-8 03810

지은이와 출판사의 동의 없이 이 책의 내용 중 전체 또는 일부를 인용하거나 발췌하는 것을 금합니다.

앞뒤표지 사진은 창녕시청으로부터 제공 받았습니다.

값 10,000원

 이 도서의 국립중앙도서관 출판예정도서목록(CIP)은 서지정보유통지원시스템 홈페이지(http://seoji.nl.go.kr)와 국가자료종합목록 구축시스템(http://kolis-net.nl.go.kr)에서 이용하실 수 있습니다. (CIP제어번호 : CIP2020050000)